AUF DEN PUNKT GEBRACHT

Wolfgang Böttcher

EVALUATION ... auf den Punkt gebracht

debus PÄDAGOGIK

Bibliografische Information der Deutschen Nationalbibliothek

Die Deutsche Nationalbibliothek verzeichnet diese Publikation in der Deutschen Nationalbibliografie; detaillierte bibliografische Daten sind im Internet über http://dnb.d-nb.de abrufbar.

In der Reihe „Auf den Punkt gebracht“ sind bisher erschienen:

Band 1: Hans-Günter Rolff: Schulleitung auf den Punkt gebracht

Band 2: Kurt Edler: Demokratische Resilienz auf den Punkt gebracht

Band 3: Georg Lind: Moralerziehung auf den Punkt gebracht

Band 4: Elmar Philipp: Leitbildentwicklung auf den Punkt gebracht

Band 5: Dieter Vaupel: Wochenplan auf den Punkt gebracht

Band 6: Gerhard Regenthal: Öffentlichkeitsarbeit für Schulen auf den Punkt gebracht

Band 7: Wolfang Böttcher: Evaluation auf den Punkt gebracht

www.debus-paedagogik.de

www.wochenschau-verlag.de

Programmleitung: Peter E. Kalb
Gesamtherstellung: Wochenschau Verlag

Gedruckt auf chlorfrei gebleichtem Papier
ISBN 978-3-95414-114-2 (Buch)
E-Book ISBN 978-3-95414-115-9 (PDF)

INHALTSVERZEICHNIS

und begründet, auf deren Basis eine Entscheidung gefällt wird. Sie müssen überprüfbar sein, eben nicht zufällig ausgewählt und nicht „wolkig" formuliert. Mit einer klassischen Definition aus einer frühen Phase der Evaluation wird das deutlich: „Im allgemeinen bedeutet Evaluation die Gewinnung von Informationen durch formale Mittel wie Kriterien, Messungen und statistische Verfahren mit dem Ziel, eine rationale Grundlage für das Fällen von Urteilen in Entscheidungssituationen zu erhalten" (Stufflebeam 1972, 124). Statt von „formalen Mitteln" zu sprechen, die Stufflebeam im Zitat exemplarisch erläutert, könnte wohl besser von „Anwendung der Verfahren empirischer Sozialforschung" geredet werden.

Der Verweis auf empirische Verfahren ist bedeutend. Im Kern heißt es, dass in Evaluationen den drei grundlegenden Gütekriterien der empirischen Wissenschaft genügt werden muss: Validität, Reliabilität und Intersubjektivität. Validität gibt an, inwieweit mit einer Messung (z. B. einem Test oder einer Befragung) das gemessen wird, was die Messung angibt zu messen. Reliabilität meint die Qualität eines Messinstrumentes, Ergebnisse zuverlässig zu reproduzieren. Intersubjektivität (oder Objektivität) meint die Unabhängigkeit der Messung von der die Messung durchführenden Person(en).

Zwei Kernbegriffe, über die allerdings noch weiter zu reden sein wird, sind also ermittelt: Wissenschaft und Bewertung. Im Prinzip hat sich ein weiteres spezifisches Merkmal von Evaluationen in der Definition von Stufflebeam versteckt. Evaluationen müssen nützlich sein, genauer: Sie müssen einen Nutzen für anstehende Entscheidungen haben. Und einen Schritt weiter gedacht: Es gibt jemanden, der etwas entscheiden muss und sich deshalb einer Evaluation bedient. Zu den grundlegenden Merkmalen von Evaluation zählt insofern ihr Dienstleistungscharakter. Eine Evaluation hat in aller Regel eine*n Auftraggeber*in, es gibt also jemanden, der ein bestimmtes Interesse an einer Evaluation hat. „Der zentrale Punkt dabei ist: Evaluation soll einen Nutzen haben. Sie erfüllt keinen Selbstzweck" (Widmer/De Rocchi 2012, 11). Es geht dabei um eine mögliche Verbesserung des Gegenstands, der evaluiert wird oder um eine dichotome

Entscheidungsfindung: ja oder nein. Auch hiermit werden wir uns später noch ausführlicher befassen müssen.

Noch eine kleine Unterscheidung: Der Begriff Evaluation kann sowohl die Aktivität des Evaluierens meinen als auch das Ergebnis dieser Aktivität. Im Verwendungszusammenhang wird meist deutlich, was gemeint ist.

Zusammengefasst: Evaluation ist eine (möglichst) wissenschaftlich begründete Bewertung eines evaluierten Gegenstandes mit dem Ziel, eine Entscheidung bezüglich dieses Gegenstandes (verbessern, weiterführen, aufgeben) zu unterstützen. Mit Evaluation kann ein Prozess (das Evaluieren) gemeint sein oder ein Produkt (z. B. ein Evaluationsbefund).

Was sind Gegenstände der Evaluation?

Sprechen wir nun über mögliche Evaluationsgegenstände. Auf die Frage, was evaluiert werden kann, wäre die Antwort „fast alles“ nicht falsch: Beliebige Produkte, Maßnahmen, Ideen, Interventionen, Projekte, Organisationen, Abteilungen in Organisationen. Ein wichtige Ausnahme sind Personen. Bewertungen von Menschen – im engeren Sinne (z. B. ihre Eignung für eine bestimmte Aufgabe) oder im weiteren Sinne (z. B. Charakter) – gehören typischerweise nicht zum Arbeitsfeld der Evaluation. Das kann man gerne der Psychologie überlassen, auch wenn wir von dieser Wissenschaft in der Evaluation dann und wann durchaus Gebrauch machen.

Evaluationsgegenstände können sich in allen denkbaren Handlungsfeldern befinden. Einen Eindruck von der Breite kann man durch einen Blick auf die Arbeitskreise bekommen, die in der deutsch-österreichischen Gesellschaft für Evaluation (DeGEval) aktiv sind. Evaluator*innen arbeiten, um einige Beispiele zu nennen, in der Wirtschaft, der Technologie-Entwicklung, der Strukturpolitik, der Entwicklungspolitik oder der Umwelt (vgl. www.degeval.de; vgl. auch Böttcher u. a. 2014). Aber selbstverständlich arbeiten sie auch zur Schul- und Hochschulpolitik und der Berufsbildung. In den jeweiligen Feldern gibt es durchaus spezifische Fragen, Themen oder Arbeitsweisen. Evaluation ist dennoch auch – und vor allem – ein allgemeines, übergreifendes Konzept (vgl. Böttcher, Holtappels/Brohm 2006).

In der Bildung – wie übrigens auch in der sozialen Arbeit – haben wir es in aller Regel mit Maßnahmen bzw. Interventionen und Projekten zu tun, also mit Aktivitäten, die ein Ziel oder mehrere aufeinander bezogene Ziele verfolgen. Das wird in der Evaluation abstrakt als „Programm" bezeichnet. Wir haben es demnach mit pädagogischen oder sozialen Programmen zu tun, Maßnahmen also, die beabsichtigen, Erziehung, Lernen und Kompetenzentwicklung zu sichern oder zu fördern, Beratung oder Hilfe zu verbessern oder die Bedingungen für diese Aktivitäten zu verbessern. Die Evaluation von Programmen heißt logischerweise „Programmevaluation".

Beispiele für „Programme": Eine Schule hat ein Projekt zur Kooperation mit Sportvereinen in der Region entwickelt, die Englischlehrer*innen haben ein neues Lehrwerk eingeführt, das Lenkungsgremium der Schule arbeitet mit Eltern von gefährdeten Schüler*innen, die Schule ist vor drei Jahren Ganztagsschule geworden oder es ist beabsichtigt, die Anzahl der Sitzenbleiber zu reduzieren.

Auch können Organisationen Gegenstand von Evaluation sein: Schulen, Kindertagesstätten, Hochschulen, Weiterbildungseinrichtungen oder Ausbildungsbetriebe. Organisationen sind soziale Systeme, die sich durch Mitgliedschaft, Dauerhaftigkeit, Strukturierung und Zielorientierung kennzeichnen lassen. Im Bildungsbereich sind ihre Ziele – im weitesten Sinne – pädagogischer Natur. Selbstverständlich lassen sich auch Elemente bzw. Dimensionen dieser Organisationen evaluieren, wie zum Beispiel ihre externe Kommunikation, die Einstellungspolitik, das System der Lehrerweiterbildung oder der Führungsstil der Schulleitung.

Relevant für den Bildungsbereich und seine Evaluationen sind auch Produkte. Hierbei geht es um Lernhardware und -software: Möblierung, Architektur, technische Ausstattung, Lernmaterialien, Lernmedien.

An dieser Stelle sollten wir systematische Differenzen zwischen den drei Gegenstandstypen Maßnahmen, Organisationen und Produkte zugunsten der Gemeinsamkeiten wegwischen.

Cum grano salis lassen sich alle als „Programme" beschreiben. Grundlegend für diese Übereinstimmung ist die Tatsache, dass Maßnahmen wie Organisationen oder Produkte bestimmte Aufgaben erfüllen, mithin Ziele erreichen sollen.

Wir wollen im Folgenden besser verstehen, was „Programme" sind, bevor wir uns dann mit der Frage befassen, wie sie zu evaluieren sind. Dies sei aber zuvor noch gesagt, nicht zuletzt, weil es wichtig für das Verständnis von Evaluation und die Unterscheidung von den oben skizzierten Verfahren des Monitoring, also der Beobachtung, Überwachung und Kontrolle ist: Welche Ziele ein Programm verfolgen will und wie sie umgesetzt werden sollen, entscheiden nicht die Evaluator*innen. In diesem Sinne ist die Evaluation nicht normativ.

Zusammenfassend: So ziemlich alles lässt sich evaluieren. Wir reden hier von Evaluationsgegenstanden. Maßnahmen, Projekte und Interventionen bezeichnen wir als „Programme". Im Wesentlichen geht es in den folgenden Kapiteln um „Programm-Evaluation". Aber im Prinzip lassen sich – wenn auch nicht immer ganz elegant – auch Organisationen oder Produkte als Programme verstehen, sofern sie Absichten verfolgen und erfolgreich sein wollen.

Pädagogische Programme und ihre Logik

Der wohl zentrale Gegenstand wissenschaftlicher Evaluationen sind Aktivitäten, Maßnahmen bzw. Interventionen, die ein Ziel oder mehrere aufeinander bezogene Ziele verfolgen. Diese absichtsvollen Handlungen nennen wir, wie bereits erwähnt, „Programme". Im Bildungsbereich haben wir es wesentlich mit pädagogischen oder sozialpädagogischen Programmen zu tun, Maßnahmen also, die Lernziele verfolgen, Lernerfolge ermöglichen wollen, einen Beitrag zur gelingenden Lebensgestaltung leisten, dem besseren Aufwachsen von Kindern und Jugendlichen oder der Überwindung bestimmter Schwierigkeiten dienen sollen. Sie beabsichtigen, Lernen und Kompetenzentwicklung zu sichern oder zu fördern, Beratung oder Hilfe zu verbessern oder bessere Bedingungen für diese Aktivitäten zu entwickeln. Allgemein gesagt: Programme dienen der Qualitätssicherung und -entwicklung in ihrem jeweiligen pädagogischen Handlungsfeld. Neue Programme wollen diese Aufgaben besser erledigen, als die alten – konkurrierenden – dies vermochten. Evaluationen prüfen und bewerten solche Programme systematisch und vergleichen diese gegebenenfalls.

Programme müssen aber möglichst genau beschrieben sein, damit sie evaluierbar werden. Wie soll evaluiert werden, ob die Schüler*innen mit einem neuen Lernwerk „besser" lernen, wenn nicht beschrieben wird, was „besser" bedeutet? Wie soll evaluiert werden, ob Teamteaching hilfreich ist, wenn weder definiert ist, für wen und inwiefern „hilfreich" und was mit Teamteaching genau gemeint ist. Ein Programm muss die Logik beschreiben, der es folgt.

In der Geschichte der Evaluation gibt es vielfältige Versuche, den Aufbau von Programmen zu modellieren. Im Kern geht es um eine Beschreibung der „Wirklogik". Ein „logisches Modell" dient – allgemein gesprochen – der Veranschaulichung und Klärung des Ablaufs eines Programms und der von ihm intendierten Wirkungen. Es zielt vor allem darauf ab, die Realisierbarkeit eines Programms zu garantieren.

In Anlehnung an verschiedene Vorbilder wird hier folgend ein logisches Modell für ein pädagogisches Programm vorgeschlagen. Selbstverständlich vereinfacht dieses Modell die Komplexität der pädagogischen Wirklichkeit. Aber es erweist sich in der Praxis als hilfreich und bearbeitbar. Diese Dimensionen sollte ein Programm bedienen, damit seine Ziele eine Realisierungschance haben:

1. Das Programm definiert deutlich das Problem, auf das es reagieren will oder soll. Es beschreibt daran anknüpfend einen zu erreichenden Zustand (Ziel oder Ziele), der sich vom jetzigen unterscheidet.
2. Ein Programm wird unter bestimmten kulturellen, sozialen, rechtlichen oder ökonomischen Bedingungen entwickelt und umgesetzt. Diese Kontexte sind durch das Programm in aller Regel kaum beeinflussbar. Allerdings sind sie für die Realisierungsmöglichkeiten von großer Bedeutung. Eine Beschrei-

bung der Kontexte kann nie vollständig sein. Aber wichtige Elemente, die theoretisch bedeutsam sein könnten, sollten expliziert sein.

3. Das Programm beschreibt ein Konzept, von dem logisch, theorie- und evidenzbasiert erwartet werden kann, dass der gewünschte Zustand mittels des Programms erreicht werden kann.
4. Die Ressourcen werden bestimmt, die zur Umsetzung des Programms eingestellt werden müssen. Hierzu gehören nicht nur finanzielle Mittel, auch der zeitliche Aufwand, nötig werdende Anstrengungen, Motive, Haltungen und Kompetenzen der relevanten Akteur*innen müssen kalkuliert werden.
5. Die Prozesse, die für die Umsetzung des Programms nötig sind, müssen sorgfältig geplant werden. Es kommt zum Beispiel darauf an, die Interessen der Stakeholder zu beachten, die Struktur der Organisation in Rechnung zu stellen, in der das Programm realisiert wird, zu prüfen, ob die Interaktionen zwischen Programmdurchführenden und Adressat*innen hinreichend strukturiert sind und ob die exakte Programmumsetzung gewährleistet ist. Gerade im Bildungswesen lassen sich Durchführende nicht leicht auf eine exakte Umsetzung der definierten Prozesse verpflichten. Das hier einschlägige Stichwort ist: mangelnde Compliance.
6. Programme sind Maßnahmen, die definierte Ergebnisse bzw. Wirkungen erzielen wollen. In der interdisziplinären Evaluation wird der Begriff Output systematisch für zählbare und gut messbare Leistungen oder Produkte benutzt. Konkret kann es sich hier zum Beispiel um die Inanspruchnahme einer Familienhilfe oder Tagesgruppe handeln, um Vermittlungsleistungen in Hilfsprogrammen (z. B. Elterntrainings) oder die Verteilung von Informationsmaterialien wie etwa Elternbriefe oder Willkommenspakete. Zu den Outputs gehört auch die Zufriedenheit der Adressat*innen. Outcomes bezeichnen die (intendierten) Wirkungen, die sich bei den Zielgruppen eines Programms ergeben haben: Wissenszuwächse, Entwicklungen von Kompetenzen, Einstellungswandel, Verhaltensänderungen oder zum Beispiel die emotionale Stabilisierung in

einer schwierigen Lebenssituation. (In der Bildungsforschung wird nicht selten und fälschlicherweise für diese Effekte der Begriff Output benutzt). Auch die Stabilisierung von z. B. Kenntnissen oder Kompetenzen oder Verbesserung der pädagogischen oder sozialen Situation der Zielgruppen werden den Outcomes zugerechnet. Outcomes können z. B. hinsichtlich zeitlicher Perspektiven (Unmittelbarkeit oder Nachhaltigkeit) sowie Graden der Direktheit (z. B. Wissenserwerb versus Umsetzung des Wissens in (späteren) Handlungssituationen) unterscheiden. Als Outcome können auch Effekte im „Kontext“ der Maßnahme bezeichnet werden. So können zum Beispiel Veränderungen der Organisation einer Einrichtung als Folge einer Maßnahme eintreten. Zum Komplex Outcome sind außerdem unerwartete oder gar entgegengesetzte, ungünstige Wirkungen (positiv und negativ zu bewertende „Nebenwirkungen“) zu zählen. Auf jeden Fall sind solche nicht-intendierten Effekte von prinzipiell gleicher Bedeutung wie die beabsichtigten. Impact beschreibt Wirkungen im weiteren Sinne, wie zum Beispiel gesellschaftliche Veränderungen oder Wirkungen bei einer anderen als der Zielgruppe des Programms, die aber in Verbindung mit dem Programm gebracht werden können.

Ein Programm muss nicht vollständig evaluiert werden. Es kommt immer darauf an, was von Evaluationen erwartet wird. Es ergibt durchaus Sinn, wenn in einer Programmevaluation z. B. nur bewertet werden soll, ob die Umsetzung gelingt, ob Adressat*innen zufrieden sind, ob die Ressourcen angemessen sind oder ob sich unerwartete Nebenwirkungen einstellen. Da Evaluationen an Aufträge gebunden sind, bestimmen Auftraggeber*innen, was in den Blick genommen wird. Selbstverständlich kann sich aus einer Evaluation auch ergeben, dass die Fragen, die der*die Auftraggeber*in hat, wenig sinnvoll sind. Aber das soll uns hier noch nicht interessieren. Wichtig ist der Hinweis auf die Tatsache, dass Evaluationen auf analytische Teilbereiche oder Elemente eines Programms fokussieren können. Wir nehmen dieses Thema sofort auf und unterscheiden Formen der Evaluation.

Formen der Evaluation

Wie bereits angedeutet, kann ein Programm vollständig evaluiert werden, aber auch eine Evaluation einzelner Dimensionen kann sinnvoll sein. In einer der besonders häufig zitierten und allerdings auch sehr umfänglichen Einführung in die Evaluation werden fünf relevante Bereiche der Evaluation pädagogischer oder sozialer Programme genannt. Rossi, Lipsey und Freeman (2004(7), 53 ff.) unterscheiden wie folgt:

- Die Bewertung des Bedarfs für ein Programm. Gerade die Pädagogik ist nicht frei vom Verdacht der „Projektitis“, wenn man zum Beispiel sieht, wie viele verschiedene Projekte an manchen Schulen gleichzeitig durchgeführt werden. „Brauchen wir das wirklich?“ ist eine zu selten gestellte Frage. Oder: „Haben wir nicht wichtigere Probleme?“.
- Die Bewertung der Programmtheorie: Liegt dem Programm eine plausible (Wirk-)Theorie zugrunde? Enthält sie schlüssige Annahmen darüber, wie und warum das Programm wirken sollte? Gibt es empirische Kenntnisse, die die Wirkungshypothesen stützen?
- Die Bewertung der Programm-Prozesse: Sind die einzelnen Programmschritte deutlich? Sind Zwischenschritte formuliert? Ist die Kooperation der Programmteilnehmer*innen gesichert? Sind Maßnahmen getroffen, damit das Programm gemäß seinen Vorgaben umgesetzt wird?
- Die Bewertung der Wirkungen: Hat das Programm die intendierten Ziele (bis zu welchem Grad) erreicht? Sind die gemessenen Effekte tatsächlich auf die Wirkung des Programms zurückzuführen? Welche Nebenwirkungen lassen sich ausmachen?
- Bewertung der Programmeffizienz: Auch bei erfolgreichen Programmen kann gefragt werden: In welchem Verhältnis stehen die Programmleistungen im Verhältnis zu den Programmkosten (Zeit, Personal, Geld)? Ist die Kosten-Nutzen-Relation unproblematisch?

Häufig (und vereinfachend) wird häufig lediglich zwischen zwei Evaluationsformen unterschieden: summative und die formative Evaluation. Summative Evaluationen beziehen sich auf die Programmwirkungen. Sie ziehen einen Summenstrich unter ein Programm. Formativ, also einen Prozess „formend", ist eine Evaluation hingegen, wenn während der Durchführung einer Intervention zu verschiedenen Zeitpunkten der „Stand der Dinge" ermittelt oder auch durchgängig der Verlauf evaluiert wird: Inwieweit ist das Programm fortgeschritten? Sind Zwischenziele erreicht worden? Wird der Prozessverlauf wie geplant durchgeführt? Ergaben sich Abweichungen von der Planung? Wie ist der Verlauf bisher zu beurteilen? Die Antworten auf solcherlei Fragen werden den Programmbeteiligten noch während des Programmverlaufs mitgeteilt. Formativ erhobene Evaluationsergebnisse greifen also in den weiteren Verlauf des Programms ein, da die Beteiligten aus den Zwischenbefunden lernen können bzw. sollen. Wenn bei der summativen Evaluation die tatsächlichen Wirkungen eines Programms bestimmt werden sollen, würde eine parallele formative Evaluation diese Aufgabe boykottieren. Es bliebe unklar, inwiefern Wirkungen des Programms ermittelt wurden oder ob die im Programmverlauf geänderten Aktivitäten gewirkt haben: Was ist Wirkung des Programms, was ist Effekt der Interventionen durch die formative Evaluation? Und dennoch finden sich in der Praxis auch beide Formen parallel.

Zusammenfassend: Evaluator*innen benötigen eine möglichst präzise Beschreibung des Aufbaus, wir sprechen von Logik, eines Programms. Nicht nur die Programmdurchführenden müssen wissen, was sie tun und warum sie es tun und mit welchem Ziel. Es können verschiedene Elemente eines Programms evaluiert werden. Es besteht kein Zwang, Programme in Gänze zu evaluieren.

Kommunikation und die Rekonstruktion des Programms

Die Erstellung der Programmlogik ist eigentlich die Arbeit derjenigen, die für ein Programm verantwortlich sind. Evaluator*innen begegnen einem Programm mit forschender Neugierde. Sie sind nicht die Besserwisser, die anderen sagen, wie Ziele zu erreichen sind oder wie Prozesse gestaltet sein müssen. Sie bewerten das Programm an den Programmideen, nicht an irgendwelchen externen Maßstäben. Jedenfalls nicht zu Beginn der Evaluation.

Nun ein großes *aber:* In der Praxis sehen sich Evaluator*innen sehr häufig mit eher schlecht definierten Programm konfrontiert. Akteur*innen, die Programme entwickeln oder auch Durchführende, sind häufig weit davon entfernt, eine Programmlogik ausbuchstabiert zu haben. Wenn aber der Evaluationsgegenstand nicht hinreichend gut definiert ist, heißt das für die Evaluator*innen, dass dieses Defizit zu beheben ist. Einer der ersten inhaltlichen Schritte einer Evaluation besteht in – durchaus nicht konfliktfreier – intensiver Kommunikation.

Es erweist sich in der Praxis als ein regelmäßiges Problem, dass Programme selten in dieser oder ähnlicher Weise logisch strukturiert sind. Insofern stellt sich in der Evaluationspraxis häufig als erste Aufgabe, eine angemessene Programmlogik „nachzuzeichnen" oder gegebenenfalls auch zu entwickeln. In der Regel ist – aus Sicht der Evaluation – hier insbesondere die Einigung mit Auftraggeber*innen des Programms und, falls nicht identisch, mit den Geldgebern einer Evaluation notwendig.

Als besonderer Krisenbereich erweist sich in der Praxis die Tatsache, dass Programmverantwortliche häufig eine korrekte Definition der zu erreichenden Zielzustände versäumt haben. Vielfach glaubt man offenbar, auf eine genaue Bestimmung von Outputs und Outcomes verzichten und sich mit vagen Begriffen begnügen zu können. Diese haben zwar den Vorteil, dass sie häufig positive Assoziationen erzeugen (wofür der pädagogische Jargon typisch ist), allerdings weder für die pädagogische Arbeit selbst, noch für eine Evaluation geeignet sind. Zu bedenken ist freilich, dass es auch gute Gründe und sinnvolle Kontexte gibt, unklar und vage zu formulieren. Das mag für bestimmte Textsorten auf juristischer Ebene so sein oder für die Beschreibung von „Visionen" als grobe strategische Ausrichtung einer Organisation. Aber für die hier referierte Thematik genügt das nicht.

Auftraggeber*innen oder Durchführende aufzufordern, ein Programm genauer – also überprüfbar und logisch aufbauend – zu beschreiben, kann zu nicht unbeträchtlichen Konflikten führen. Wenn Evaluator*innen immer wieder und unnachgiebig die Präzisierung von Annahmen und Aktivitäten im Rahmen eines Programms einfordern, kann das wirklich „nerven".

Nehmen wir – als Beispiel – die Idee, im Ganztag einer Schule ein Angebot zur Entwicklung von sozialen Kompetenzen bei Schüler*innen „einzukaufen" und etwa solche Fragen:

- „Um welche sozialen Kompetenzen soll es denn genau gehen?"
- „Woran kann man erkennen, ob Ziele erreicht werden?"
- „Wie viele Stunden genau müssen angeboten werden?"
- „Für welche Schüler*innen soll das Angebot gelten und warum?"
- „Sind zusätzliche Lehrer*innenstellen nötig?"
- „Wissen die Eltern, was wie trainiert wird"?

und so weiter ...

Präzision der Beschreibung – auch wenn es nicht gerade pädagogisch klingt

Die Evaluator*innen muss also die Programmverantwortlichen dazu bringen, das Geplante zu erläutern und zu präzisieren. Technisch gesprochen müssen Kriterien formuliert werden inklusive deren gewünschter Ausprägung: wie viel, wie häufig, wie sehr? Im Hinblick auf die Zielbestimmung, die ja überhaupt erst das Programm begründet, hat das Konzept der „smarten" Ziele Leitfunktion. Erst so formulierte Ziele sind wirklich evaluierbar. Smart ist das englische Wort für schlau, klug, gescheit – aber auch das Akronym, das sich aus den Anfangsbuchstaben der Kriterien eines Zieles zusammensetzt. Hier gibt es leicht unterschiedliche Versionen. Ich entscheide mich hierfür:

- spezifisch,
- messbar,
- attraktiv,
- realistisch,
- terminiert.

Ein Ziel muss also spezifisch sein. „Verbesserung der sozialen Kompetenzen" ist unspezifisch. Eine spezifische soziale Kompetenz ist z. B. Durchsetzungsfähigkeit. Aber das Ziel ihrer Verbesserung muss messbar sein und der angestrebte Wert muss quantifiziert werden. Zur Messung von Durchsetzungsfähigkeit hat die Psychologie eine relativ große Anzahl von gut validierten Tests entwickelt. Zur Programmdefinition würde also gehören, die Tests zu benennen, mit denen gemessen werden soll. Messung antwortet auf die Frage „wie viel?" oder „wie viele?". Das Ziel muss erreichbar sein und attraktiv, realistisch und relevant. Letztlich muss ein Endpunkt definiert sein, besser noch ein Zeitplan mit Zwischenschritten.

Zusammenfassend: Programmlogiken haben den großen Vorteil, dass sie den Programmverantwortlichen, den Durchführenden und den Evaluator*innen systematische Entscheidungen abverlangen und eine Einigung zwischen den verschiedenen Stakeholdern erleichtern. Für die Evaluation heißt das konkret, dass ihre Aufgaben und die damit an sie geknüpften Erwartungen genau bestimmt werden können. In einem Satz: Erst ein gut beschriebenes Programm ermöglicht eine gute Evaluation. In der Praxis müssen Evaluator*innen häufig vor der eigentlichen Evaluation das Programm rekonstruieren und präzisieren.

Güte und Angemessenheit reflektieren

QUALITÄTSSICHERUNG

Professionelle Evaluation und Standards guter Evaluation

Die Güte von Evaluation realisiert sich letztlich in der Praxis – nicht der Theorie – des Evaluierens. Evaluation hat sich als ein globales Konzept nutzenorientierter Forschung durchgesetzt, und sie hat ihren Nutzen bei der Bewertung pädagogischer, politischer und sozialer Programme vielfach bewiesen.

Für das gesamte Feld der Evaluation lassen sich, auch in internationaler Perspektive, durchaus gewisse Tendenzen zur Herausbildung einer Evaluationsprofession erkennen (Böttcher/Hense 2015; Meyer 2015). Als sichtbare Anzeichen sind vor allem zu nennen:

- die Gründung von Fachgesellschaften für Evaluation, in denen sich Forscher*innen versammeln, die Evaluationen durchführen und ihre Qualität verbessern wollen – maßgeblich in Deutschland und Österreich ist die DeGEval-Gesellschaft für Evaluation, für die Schweiz die SEVAL und
- die Entwicklung von fachlichen Standards guter Evaluation, die wir folgend am Beispiel der DeGEval (2017) kurz vorstellen.

Die Standards beschreiben Kriterien für Evaluationen und helfen, deren Qualität zu bestimmen. Evaluationen sollen demnach vier grundlegende Eigenschaften aufweisen: Nützlichkeit – Durchführbarkeit – Fairness – Genauigkeit. Diese Dimensionen werden erläutert und durch eine Vielzahl von Einzelstandards beschrieben. Wir wollen im Folgenden diese vier Dimensionen ausschnittweise so weit erläutern, dass ihre Inhalte nachvollziehbar sind.

Die Nützlichkeitsstandards sollen sicherstellen, dass die Evaluation sich an den geklärten Evaluationszwecken sowie am

Informationsbedarf der vorgesehenen Nutzer*innen ausrichtet. Die Zweckgebundenheit ist ein Kernkriterium, Zwecke und Ziele der Evaluation müssen geklärt sein. Diese Bedingung hilft nicht nur den Evaluator*innen, ihren Auftrag zu definieren, sondern erlaubt es auch den Beteiligten, sich hierzu verhalten zu können. Dies wiederum erfordert, dass die Interessen der Beteiligten und Betroffenen identifiziert und möglichst im Untersuchungsdesign berücksichtigt werden. Auswahl und Umfang der in der Evaluation gesammelten oder erzeugten Informationen sollen sich auf die ermittelte(n) Fragestellung(en) beziehen und den Informationsbedarf des*der Auftraggebers*in und anderer Adressat*innen berücksichtigen. Die Berichte sollen alle wesentlichen Informationen zur Verfügung stellen, leicht zu verstehen und nachvollziehbar sein. Evaluationsvorhaben sollen so rechtzeitig begonnen und abgeschlossen werden, sodass ihre Ergebnisse in anstehende Entscheidungsprozesse einfließen können.

Die Durchführbarkeitsstandards sollen sicherstellen, dass eine Evaluation realistisch und möglichst wenig belastend für die Betroffenen ist, sowie der Aufwand in einem angemessenen Verhältnis zum erwarteten Nutzen steht. Daneben spielt auch das Erzeugen von Akzeptanz eine bedeutende Rolle.

Die Fairnessstandards sollen sicherstellen, dass in einer Evaluation respektvoll und fair mit den betroffenen Personen und Gruppen umgegangen wird. Die Pflichten der Vertragsparteien einer Evaluation sollen festgelegt sein, unterschiedliche Sichtweisen von Beteiligten in Rechnung gestellt werden. Zur Fairness gehört es auch, neben Schwächen auf Stärken des Evaluationsgegenstandes zu achten. Schließlich sind datenschutzrechtliche Regelungen zu beachten. Dieser Aspekt wird allzu leicht übersehen.

Die Genauigkeitsstandards sollen sicherstellen, dass die Untersuchungsverfahren so gewählt und eingesetzt werden, dass die Zuverlässigkeit der gewonnenen Daten und ihre Gültigkeit bezogen auf die Beantwortung der Evaluationsfragestellungen, nach fachlichen Maßstäben sichergestellt sind. Die fachlichen Maßstäbe sollen sich an den Gütekriterien quantitativer und qualitativer Sozialforschung orientieren.

Sicherlich kann nicht jede Evaluation unter allen Bedingungen alle Standards in Gänze erfüllen, aber das entbindet nicht von der Notwendigkeit, die Standards zu reflektieren und ggf. zu begründen, warum es Probleme mit der Einhaltung gibt.

Forschungsmethoden in der Evaluation

Die Entscheidungen darüber, welche Methoden eingesetzt werden, um die Evaluationsfragen zu beantworten, hängt in aller Regel an eben diesen Fragen und den Bedingungen, unter denen sie beantwortet werden. Im Prinzip sind alle Methoden in der Instrumentenkiste der Evaluation, qualitative und quantitative: Dokumentenanalysen, offene Befragungen, Einzel- oder Gruppeninterviews, Fragebögen, Beobachtungen. Um Beispiele zu nennen: In einer formativ-eingreifenden Evaluation sind Befragungen der Programmdurchführenden mittels Leitfadeninterviews hinsichtlich ihrer persönlichen Einschätzung der Umsetzbarkeit eines Programms unverzichtbar (Praxiswissen, Expertise durch Erfahrung). Will eine Schule wissen, wie die Eltern die neue Homepage beurteilen, kann sich eine quantitative Befragung mittels eines hoch standardisierten Fragebodens anbieten. Selbstverständlich kann man die Befunde durch intensivere persönliche Nachbefragungen vertiefen. Allerdings lediglich ein paar Eltern zu interviewen, ist als alleiniges Verfahren wohl nicht geeignet, will man erfahren, was die Elternschaft denkt. Im Fall einer Wirkungsevaluation, wenn man z. B. wissen will, ob ein bestimmtes Programm zum individualisiertem Lernen nach einem Jahr bestimmte Lernergebnisse bei den Schüler*innen erzeugt, müssen experimentelle oder wenigstens quasi-experimentelle Verfahren zur Anwendung kommen. Fazit: Methoden sind im Hinblick auf ihre Angemessenheit zu bewerten, eine bestimmte Frage beantworten zu können.

Probleme der Wirkungsmessung

Im Zusammenhang der in unserem „Auf den Punkt gebracht" schon mehrfach erwähnten Wirkungsevaluation muss kurz auf die Idee des naturwissenschaftlichen Experiments eingegangen werden. Demnach kann die Wirkung eines Programms im Prinzip nur dann genau ermittelt werden, wenn ein*e bestimmte*r Adressat*in (z. B. Eltern von Schüler*innen der 10. Klasse) diese Intervention (z. B. eine Schullaufbahnberatung für deren Kinder) erhält, während ein*e im Prinzip identische*r Adressat*in diese Intervention nicht bekommt. Man könnte auf diese Weise nun bewerten, ob die Eltern, die eine Beratung bekommen haben, ihre Kinder in der Zukunft auf andere Laufbahnen bringen wollen als Eltern, die nicht beraten wurden. Wir sprechen von der Interventionsgruppe und der Kontrollgruppe. Wenigstens zwei Elemente müssen in diesem Szenario verbindlich gegeben sein. Erstens muss die Beratung immer genau so ausgeführt werden, wie es im Programm vorgesehen ist. Die Intervention muss also insofern „kontrolliert" erfolgen. Auch mögliche störende Effekte von außerhalb des Programms müssen möglichst minimiert werden, damit einzig das Programm selbst eine mögliche Wirkung erklärt und nicht einer dieser Störvariablen. Es geht also nicht nur um den Nachweis von Wirkungen, sondern auch darum zu zeigen, dass es sich um Programmwirkungen handelt: es geht um den Nettoeffekt des Programms.

Das zweite wesentliche Element ist die möglichst hohe Identität der beiden Gruppen, denn auch die Charakteristika der Gruppe sollen nicht für die Wirkung verantwortlich sein, sondern das Programm. Da man Menschen nicht klonen kann, wird man Gruppen hinsichtlich der als relevant gedachten Kriterien komponieren. Also zum Beispiel könnte die soziale Herkunft der Eltern statistisch identisch sein, das Familieneinkommen, die Altersverteilung oder die Anzahl der Kinder in der Familie. Will man aber besonders sicher sein, dass nicht die Gruppe die Wirkung erzeugt, müssten aus einer sehr großen Population von Eltern mit einem Kind in der 10 Klasse zufällig zwei Stichproben gezogen werden. Die Zufälligkeit unter der Bedingung ausreichender Größe der Gesamtpopulation führt im Prinzip zu statistischen Zwillingen.

Die Bedeutung der Idee der Wirkungsevaluationen ist gewichtig. Auch im pädagogischen und sozialen Feld ist es im Interesse der Durchführenden von Programmen, der Adressat*innen und derjenigen, die sie finanzieren, wenn man weiß, ob sie halten, was sie versprechen. Der Wunsch, etwas Gutes zu bewirken, und das kann man pädagogischem Handeln ja durchaus unterstellen, sollte sich an der Wirklichkeit der Ergebnisse messen lassen. Die Pädagogik würde sich klein machen, wollte sie das für überflüssig halten. Man stelle sich vor, technische oder medizinische Neuerungen würden sich einer Wirkungsmessung entziehen oder die Strafgerichte würden darauf verzichten, dass Belege dafür beigebracht werden, dass der Angeklagte tatsächlich den Einbruch begangen hat.

Zusammenfassend: Die Schwierigkeiten, im sozialen und pädagogischen Feld Experimente durchzuführen, dürfen nicht dazu führen, auf solche Versuche vollständig zu verzichten. Auch Annäherungen an ein Ideal können nützlich sein. Zugleich gilt es aber auch, alternative Zugänge zu beachten.

FREMD- ODER SELBSTEVALUATION?

Beauftragen oder Selbermachen – Profis oder Amateure?

Evaluationen haben im Prinzip eine*n Auftraggeber*in: Ein*e Akteur*in oder eine Akteursgruppe – zum Beispiel das Schulamt, Politiker*innen, Sponsor*innen von Programmen, die Schulleitung – sind interessiert daran, bestimmte Fragen an eine Maßnahme, eine Organisation oder ein Produkt beantwortet zu bekommen. Zu diesem Zwecke kann ein*e Evaluator*in – oder üblicher – ein Evaluationsteam beauftragt werden.

Im Hintergrund der bisherigen Beschreibung von Evaluation stand – unausgesprochen – die Vorstellung, dass Evaluationsprofis Programme evaluieren. Knapp gesagt handelt es sich hierbei um Personen, die ihr „Geschäft" (das Evaluieren) beherrschen und denen auch das pädagogische Arbeitsfeld nicht fremd ist. In gewisser Hinsicht kann man sagen, dass das der normale Vorgang so abläuft:

Eine „irgendwie" involvierte Instanz hat ein Interesse daran, ein Programm wissenschaftlich zu bewerten. Das können finanzielle Förderer sein, politisch Verantwortliche, Adressat*innen, gesellschaftliche Interessensgruppen oder auch diejenigen, die das Programm durchführen. In der Regel sind Letztere eher wenig interessiert, dass ihnen der Spiegel vorgehalten wird. So oder so: Um einen Gegenstand zu evaluieren, fragt man am besten Profis – und die kommen meist von außen, Externe also, die professionell evaluieren können und trotz einer gewissen Nähe zum Thema aus distanzierter, also „neutraler" Perspektive die wissenschaftsbasierte Bewertung durchführen. In seltenen Fällen, meist bei großen Organisationen, gibt es im Haus eine eigene

Abteilung, die für Evaluation zuständig ist. Im Bildungsbereich sind Hochschulen mittlerweile ein gutes Beispiel für ein solches Vorgehen. Hier ist dann das Evaluationsteam ein Bestandteil der Organisation – insofern intern –, aber es bewertet ein Programm, das es nicht selbst durchführt – es ist also „fremd". Hier kann man zwar von Interner Evaluation sprechen, die gleichzeitig aber auch Fremdevaluation ist.

Wir werden nun daran anknüpfend zwei Fragen zu diskutieren haben. Erstens sollte man darüber nachdenken, was ein*e Auftraggeber*in beachten sollte, wenn eine Evaluation durchgeführt werden soll. Zweitens sollte eine Alternative zur Fremdevaluation durch Profis bedacht werden: die Selbstevaluation.

Was Auftraggeber*innen (mindestens) wissen sollten

Wer einen Auftrag zur wissenschaftsbasierten Bewertung eines Programms vergibt, sollte selbstverständlich über die grundlegenden Charakteristika des Verfahrens informiert sein: Was ist Evaluation und was kann sie unter welchen Bedingungen erreichen? Ein*e Auftraggeber*in sollte darüber hinaus die Handlungsschritte kennen, die vor, während und nach der Evaluation nötig sind.

Wie sollte bei der Vergabe von Evaluationen typischerweise vorgegangen werden? Welche Arbeitspakete müssen für den Evaluationsauftrag gepackt werden: vor, während und nach der Evaluation? Die DeGEval gliedert in diese Schritte:

- vorbereiten
- Rahmen abstecken
- ausschreiben und vergeben
- planen, durchführen und begleiten
- verbreiten und umsetzen (vgl. DeGEval 2007, 4)

In der Vorbereitungsphase muss deutlich werden, von wem die Initiative zur Durchführung ausgeht und was die Gründe sind: Werden Informationen zur Fortsetzung einer Maßnahme gesucht oder zu ihrer Beendigung, geht es um Verbesserung oder um Rechtfertigung, soll die Evaluation Selbstreflexion auslösen oder wird die Evaluation aufgrund von rechtlichen Vorgaben verlangt?

Mit dem Hinweis darauf, dass der Rahmen einer Evaluation abgesteckt werden muss, ist im Wesentlichen gemeint, dass trotz spezifischer Perspektiven der beteiligten Akteur*innen ein gemeinsames Grundverständnis entwickelt werden muss. Bereits im Vorfeld ist mit den Beteiligten abzustimmen, was mit den möglichen Ergebnissen einer Evaluation bewirkt werden soll und wer von den Ergebnissen betroffen sein kann. Auch Art, Umfang und Rechte bezüglich der Veröffentlichung der Ergebnisse sollten vereinbart werden. Zum Abstimmungsprozess gehört die Verständigung über den Zeitpunkt, zu dem die Evaluation durchgeführt werden soll, die Art der Evaluation und ihr Umfang. Die Rollen der Beteiligten und ggf. die spezifische Rolle eines zu beauftragenden externen Evaluationsteams müssen hinsichtlich Zuständigkeiten, Funktionen und Kompetenzen vor Beginn der Evaluation geklärt sein. Um die Wahrscheinlichkeit der Nutzung der Evaluationsergebnisse zu erhöhen, muss folgende Frage im Zentrum der Diskurse stehen: Für die Lösung welcher Probleme und für welche Handlungen benötigen wir die Evaluation? Hier wird ein Kernsatz formuliert, der sowohl für Evaluationsteams als auch für Auftraggeber*innen von zentraler Bedeutung ist:

„Evaluationen sollen von der beabsichtigten Nutzung der Evaluationsergebnisse her angelegt werden, d. h. sie sollen Antworten auf konkrete Fragestellungen geben, die von den Beteiligten benötigt werden, z. B. wenn ein neues Projekt geplant, wenn über die Fortsetzung eines Programms entschieden werden oder aus Modellprogrammen übertragbare Konzepte für die Regelpraxis gewonnen werden sollen“ (vgl. DeGEval 2007, 7).

Aber auch hier kann aus der Praxis der Evaluation von abweichenden Erfahrungen berichtet werden: Kleinere Träger scheuen häufig ein solch aufwändiges Verfahren der Ausschreibung und suchen den Kontakt zu ihnen bekannten oder ihnen empfohlenen Akteur*innen auf einer „lockeren“ Ebene. Aber eine solche – wenig formal abgesicherte – Evaluation ist anfällig für Konflikte – und nichts für Anfänger*innen. Und das Thema wird wahrscheinlich dann besonders relevant, wenn die Befunde der

Evaluation die Erwartungen der Auftraggeber*innen enttäuschen.

Nach der Auftragsvergabe ist es wichtig, die externe Evaluation zu begleiten. Nicht nur aus Sicht der Auftraggeber*innen, auch aus Sicht der Evaluation ist es nötig, die Organisation und Kompetenz – im Sinne von Rechten – der Begleitung festzulegen. Häufig wird eine Steuergruppe eingesetzt, die zwischen den Akteur*innen des Evaluationsgegenstandes, dem*der Auftraggeber*in und dem Evaluationsteam vermitteln. Bevor ein endgültiger Evaluationsbericht vorgelegt wird, sollte der*die Auftraggeber*in einen Entwurf bereitgestellt bekommen.

Ein Auftrag für eine Evaluation sollte aus unserer Sicht einen Passus enthalten, der sich auf die DeGEval-Standards der Evaluation – oder einen funktional äquivalenten Satz von Standards – bezieht.

Was fast vergessen wurde, weil allzu selbstverständlich: Evaluator*innen müssen Geld verdienen. Es muss ein adäquates Honorar festgelegt werden. Gerade im Bildungswesen wird häufig nicht wahrgenommen, wie teuer die Arbeitsstunde eines*einer Expert*in ist.

Zusammenfassend: Um die Güte einer Evaluation abzusichern, ist nicht nur die Kompetenz der Evaluator*innen wichtig, sondern auch die Kompetenz der Auftraggeber*innen, wenn man so will: Beide Vertragspartner*innen der Evaluation stehen in der Verantwortung für die Güte des Prozesses und des Produkts.

Selbstevaluation

Es dürfte deutlich geworden sein, dass die Durchführung einer guten Evaluation anspruchsvoll ist. Wenn man feststellt, dass sie professionell durchgeführt werden muss, heißt das nicht, dass Evaluationsprofis sie durchführen müssen. Zwar wird eine Instanz, die Interesse an der Gestaltung, den Wirkungen oder der Effizienz eines Programms hat, von den Programmdurchführenden nicht verlangen, dass sie sich selbst evaluieren. Ganz ausgeschlossen ist das aber nicht, mehr noch: Die Akteur*innen im Programm können selbst das Interesse haben zu prüfen, ob ihre Arbeit den eigenen Ansprüchen genügt. Wir werden nun darüber sprechen, wie diejenigen, die ein „Programm“ durchführen, die eigene Arbeit evaluieren können:.

Relativ früh in der Geschichte der Evaluation im deutschsprachigen Raum haben sich Ansätze der Selbstevaluation herausgebildet, die teils ergänzend, teils auch als Alternative zu Fremdevaluationen konzipiert sind (Teile dieses Abschnittes basieren auf Böttcher/Hense 2016, 24 ff). Das kennzeichnende Merkmal von Selbstevaluation ist, dass die (pädagogischen) Akteur*innen, die für den evaluierten Gegenstand verantwortlich sind, gleichzeitig auch seine Evaluation verantworten: „Unter Selbstevaluation werden systematische, datenbasierte Verfahren der Beschreibung und Bewertung verstanden, bei denen die praxisgestaltenden Akteure identisch sind mit den evaluierenden Akteuren“ (DeGEval 2004, 5).

Die Praktiker*innen entscheiden hier selbst über wesentliche „Weichenstellungen“ einer Evaluation wie etwa Fragestellungen, Methoden oder Ergebnisverwendung. Im Falle der Selbstevaluation von pädagogischen Programmen oder Organisationen sind es also die pädagogischen Fachkräfte, die ihre eigene Arbeit evaluieren. Bezieht sich die Selbstevaluation auf Aspekte oder Dimensionen der gesamten Organisation – also z. B. der Weiterbildungsmaßnahmen einer Kindertagesstätte oder der einer Schule –, wird die Selbstevaluation manchmal auch im Auftrag der Organisation durchgeführt. Das könnte entweder die bereits existierende Steuergruppe oder eine speziell nach Kompetenz und Interesse zusammengestellte Evaluationseinheit sein. Die „Ownership“ liegt dann weiterhin bei der pädagogischen Einrichtung, auch wenn die eigentliche Evaluationsarbeit an diese Gruppe delegiert wird.

Selbstevaluation heißt also nicht unbedingt, dass die Evaluator*innen sich selbst beauftragen. Selbstevaluation kann Ergebnis eines (auch externen) Auftrags sein. Auch wenn hier die Evaluation als „Nebentätigkeit“ zum pädagogischen Kerngeschäft betrieben wird, gelten die Standards der Evaluation ebenfalls für den Bereich der Selbstevaluation (vgl. DeGEval 2004).

Der Begriff der Selbstevaluation wird häufig synonym zu dem der internen Evaluation gebraucht (vgl. zum Folgenden wieder

Böttcher/Hense 2016). Der allgemeinen Evaluationsliteratur folgend können zwei Dimensionen unterschieden werden: Ort der Steuerung und Ort der Durchführung (Widmer/Rocchi 2012). Das Begriffspaar Fremd-/Selbstevaluation bezieht sich also primär auf die Frage der „Hoheit" (wir sprechen hier häufig von „Ownership") über den Evaluationsprozess. Das Begriffspaar interne/externe Evaluation zielt dagegen auf die Frage, ob die Evaluator*innen inner- oder außerhalb der Organisation verortet sind.

Selbstevaluationsteams befinden sich in einer schwierigen Doppelrolle: als (pädagogische) Akteur*innen hier und als Beobachtende und Bewertende dort. Um den Aufgaben der Evaluation dennoch gerecht zu werden, müssen deshalb verbindliche Rahmenbedingungen geschaffen und schriftlich fixiert werden. Der Prozess muss praktikabel und die Akzeptanz auch womöglich nicht positiver Ergebnisse muss gewährt sein, damit nicht der Botschafter für die Botschaft in Haftung genommen wird. Folgende Elemente listet die DeGEval auf (7 f):

- Gestaltungsspielräume: Hier geht es u. a. darum, dass die Veränderungsbereitschaft gesichert ist.
- Evaluationsaufgabe: Hier geht es u. a. darum, dass die Rollen aller Beteiligten klar definiert sind.
- Verantwortungsdelegation: Hier geht es u. a. darum, dass die Evaluator*innen die nötige Entscheidungskompetenz erhalten.
- Verfahren hinsichtlich Informationsweitergabe und Veröffentlichungen: Hier geht es u. a. darum, dass die Datenhoheit bei den selbstevaluierenden Akteur*innen liegt.
- Transparenz und Vertrauen als Grundlage: Hier geht es insbesondere um das Verhältnis von Evaluationsteam und delegierenden Leitungspersonen.
- Ressourcen: Hier geht es u. a. darum, dass die (nicht unbeträchtlichen) personellen und finanziellen Ressourcen identifiziert werden und sicher zur Verfügung stehen.

Eine Argumentationslinie für die Selbstevaluation, sieht sie als Korrektiv in modernen Steuerungsmodellen, in denen die wachsende Autonomie pädagogischer Einrichtungen durch ein externes System der Rechenschaftslegung austariert werden soll. Externe Rechenschaft könne, so der Denkansatz, auch durch Selbstevaluationen ersetzt werden. Die Profis für das pädagogische Geschäft sollten ihr Handeln und Wirken doch auch professionell bewerten können, so die dahinter stehende Annahme. Sie sollten sich selbst den Spiegel vorhalten und messen können, ob Projekte programmgetreu umgesetzt oder angestrebte Ziele erreicht wurden.

Schließlich gibt es auch evaluationsimmanente Argumente für Selbstevaluationen, die mit einer Kritik von Genauigkeit und Nützlichkeit von Fremdevaluationen ansetzten. Demnach sind Fremdevaluationen oft zu weit von der evaluierten Praxis entfernt, um praxisrelevante, zeitnahe und nützliche Informationen zu generieren. Damit verbunden ist die Erwartung, dass Selbstevaluation aufgrund der Verschränkung von Evaluation und Praxis eher zu sichtbaren Konsequenzen führen könne. Es ist nicht abschließend geklärt, ob man sich eher für Innovation engagiert, wenn man sich selbst im Spiegel sieht oder wenn kompetente Außenstehende sagen, wie sie einen wahrnehmen. Vielleicht muss beides zusammenkommen.

Eine weitere Erwartung ist, dass Fachkräfte durch die Anwendung der evaluativen Handlungslogik die erforderlichen Kompetenzen erwerben, um Formen der externen Evaluation selbstbewusster und „auf Augenhöhe" begegnen zu können. Also wieder: Emanzipation und Autonomie durch Selbstevaluation. Optimistisch sind zudem Erwartungen, wonach Selbstevaluationen auch für die eigene berufliche Praxis qualifizieren. Evaluationskompetenz wäre somit ein Element professioneller pädagogischer oder sozialer Berufsausübung.

Diesen positiven Erwartungen und Hoffnungen sind natürlich auch kritische Stimmen gegenüberzustellen. Zu nennen sind vor allem Zweifel in Bezug auf die Glaubwürdigkeit und die Machbarkeit von Selbstevaluation. So liegt die Annahme nahe, dass Objektivität, als eine unverzichtbare Bedingung für Evaluationen, hier aufgrund von einer zu großen Nähe zum Gegenstand („Betriebsblindheit") nicht gegeben sein kann und der inhärente Interessenskonflikt eine zu große Versuchung birgt, Stärken zu schönen und Schwächen auszublenden.

In jedem Fall aber stellt sich das Problem der Güte. Selbstevaluation ist genauso voraussetzungsreich wie die externe „Profi-Evaluation". Sie benötigt Ressourcen und Kompetenzen! Man muss wissen, was Evaluation ist. Und man muss evaluieren können.

Nun gibt es in einem Lehrerkollegium wahrscheinlich Personen, die im Studium etwas über quantitative und qualitative Methoden empirischer Forschung gelernt haben. Und Mathematiklehrer*innen sollten wissen, was statistische Daten leisten können und was nicht und welche Rechenoperationen möglich sind oder auch nicht. Kompetenz zur Selbstevaluation sollte also vorhanden sein. Auch kann sich eine Schule oder eine Kindertagesstätte bzw. ihre Träger mittels kurzer oder längerer Kooperationen Unterstützung einholen. Es wird dann keine externe Evaluation, aber eine extern unterstützte oder angeleitete Selbstevaluation. Auch hier kann die DeGEval-Gesellschaft für Evaluation ein guter Ansprechpartner sein.

Eine Entscheidung zugunsten von Selbstevaluation sollte sich selbstverständlich an den vorhandenen Kompetenzen ausrichten, aber vor allem auch an der Komplexität der Fragstellung. Um dies am Beispiel deutlich zu machen: Eine Evaluation der kurz-, mittel- und langfristigen Wirkungen bei den teilnehmenden Schüler*innen eines extracurricular angebotenen Trainings zur Stärkung ihrer Selbstwirksamkeitsüberzeugungen wird die Schule nicht leisten können. Solch eine Wirkungsevaluation ist sehr aufwendig und voraussetzungsvoll. Wir hatten es oben bereits skizziert. Noch wichtiger aber ist die Frage, ob solch eine Evaluation überhaupt sinnvoll ist. Bei einer Bedarfsevaluation der Evaluation wird man wohl schnell zu dem Schluss kommen, dass es keine guten Argumente für ein solches Vorhaben gibt. Befasst man sich allerdings mit der Bedarfsevaluation eines Programms „Training zur Stärkung personaler Kompetenzen" und seiner Versprechen, dann könnte man als Auftraggeber*in von dem*der Anbieter*in erwarten, dass er Ergebnisse aus vorherigen Evaluationen vorweisen kann, die fachliche und wertende Aussagen über die Kosten, notwendigen Ressourcen, den Ablauf oder die Wirkungen (Outcomes) des Training treffen. Nur auf ein bloßes Versprechen hin, sollte keine Einrichtung wichtige Entscheidungen treffen. Für die Erteilung eines Auftrags muss ein*e Entscheider*in sich ja auch rechtfertigen.

Wenn aber die Schule wissen will, ob die Schüler*innen das Programm für nützlich oder interessant hielten, wenn es also um eine Output-Evaluation geht, dann ist das mit vertretbarem Aufwand machbar. Eine Entscheidung für oder gegen eine Wiederholung des Programms für die nächste Alterskohorte kann hierdurch eine gewisse Legitimation erfahren. Aber es muss klar sein, dass eine gute Bewertung der Nutzer*innen wenig oder nichts über die tatsächlichen Wirkungen aussagt.

Achtung: Auch in einer scheinbar schlichten Evaluation gibt es viele Fallen. Nur zwei Anmerkungen sollen das zeigen. Bleiben wir kurz bei dem Beispiel oben. Die Schulleitung könnte unabhängig von einer durchaus zufriedenstellenden Wirkungsevaluation des Programms (also: Schüler*innen verbessern ihr Selbstbild nach dem Training nachweisbar) die endgültige Entscheidung über eine zweite Runde von der Zustimmung der Eltern und Schüler*innen abhängig machen (zum Beispiel, weil das Programm finanziert werden muss). Da, sagen wir, 60 Zehntklässler*innen im Programm waren, könnte es sich anbieten, einen kurzen standardisierten Fragebogen zu erstellen. Man kann ja nicht schlicht fragen, ob sie das Programm gut fanden. Die Fragen zum Programm müssten hinsichtlich verschiedener Aspekte differenziert werden, die – bei dieser spezifischen Fragestellung – die Eltern interessieren. Die Zielsetzung hier ist also nicht, dem*der Anbieter*in des Trainings zu helfen, das eigene Programm zu entwickeln, sondern von den Eltern zu erfahren, ob und unter welchen Bedingungen sie es unterstützen: Wie wichtig ist Ihnen, dass ihr Kind teamfähig ist? Wie viel Zeit neben dem Unterricht darf ein Programm beanspruchen? Wie wichtig ist Ihnen, dass ihr Kind das Training gut findet? Wie viel darf es kosten? Solche Fragen helfen der Schulleitung, sich bei einer Entscheidung für oder gegen den Einsatz des Trainings bei den Eltern Rückendeckung zu holen.

Aber das ist keinesfalls trivial: Wer ungeübt Fragebögen konstruiert, wird am Ende des gesamten Befragungsvorgangs feststellen, dass aus der Hälfte der Antworten keine Informationen erschlossen werden können, die eine Entscheidung in eine bestimmte Richtung nachvollziehbar unterstützen.

Zusammenfassend: Evaluierung ist eine Tätigkeit für Profis. Aber in Abhängigkeit von den Evaluationsfragen gibt es auch Alternativen dazu, externe Personen „einzukaufen". Auch pädagogische Profis können durchaus in Bezug auf ihre eigene Arbeit konstruktiv evaluieren. Die Hinweise auf Fallen und Probleme der Selbstevaluation sollen nicht abschreckend wirken. Sie dienen der Reflexion und der Klärung der Fragen, was und wie man tatsächlich „selbstevaluieren" kann oder wofür und in welchem Maße externe Hilfe sinnvoll ist. In der Schul- und Unterrichtsentwicklung ist die Kombination von interner und externer Evaluation ein spannendes und durchaus kontroverses Thema. Vieles ist auch vom Glauben an die Kraft des jeweiligen Verfahrens abhängig. Die Forschung über Evaluation ist noch zu dünn, um verlässliche Aussagen zu treffen.

Fragen und Befragen

Fragen oder Statements (in Aussagen gekleidete Fragen) können gut oder schlecht oder auch falsch formuliert sein. Hier ein typisches Beispiel einer an sich gut nachvollziehbaren Fragestellung. Ein*e Dozent*in will wissen, ob die einzelnen Themen seines Programms die Lernenden überfordern: „Ich fand die zeitliche Gliederung der Veranstaltung ‚sehr gut', ‚gut', ‚nicht so gut', ‚schlecht'". Was sagt nun die Antwort „Ich fand sie schlecht"? Warum? War die Gewichtung nicht gut? Waren alle Lehreinheiten überfrachtet? Oder waren sie zu wenig anspruchsvoll? Wenn ja, welche? Ein kleiner, aber von Laien selten genutzter Trick bei der Konstruktion ist, sich selbst zu fragen, was man von den möglichen Antworten der Befragten lernen könnte?

Unbrauchbar werden Fragen bzw. Statements, wenn

- undefinierte und zweideutige Begriffe verwendet werden, weil dann nicht klar ist, ob die Befragten ein identisches Verständnis haben („Soziale Kompetenzen sind wichtiger als personale Kompetenzen."),

- die Sätze zu lang und komplex werden, weil dann nicht klar ist, ob sie verstanden wurden („Denke an eine Situation aus dem alltäglichen Leben in der Schule, in der du dich bedroht fühltest. Hätte sich das, was du im Training gelernt hast, anwenden lassen?“),
- sie zwei Informationen abfragen, die eigentlich unterschiedlicher Natur sind: („Ich fand das Training inhaltlich *und* didaktisch ...“),
- doppelte Verneinungen benutzt werden („Wenn ich mir *nicht* zu helfen weiß, nutze ich auch *keinen* Trick, der mich sicherer erscheinen lässt.“),
- mit Unterstellungen begonnen wird („Wie allgemein bekannt, ist die Beherrschung von sozialen Kompetenzen ...“) oder
- der zeitliche Bezug verschwimmt („Hast du *früher* schonmal ...).

Auch Interviews müssen gelernt sein: Man darf die Befragten z. B. nicht mit irgendwelchen pauschalen Antworten davonkommen lassen. Würde ein*e Schüler*in zum Beispiel sagen, dass das Trainingsprogramm „total lehrreich“ oder „echt spannend“ war, darf man sich damit nicht zufriedengeben, sondern muss fragen: „Was genau meinst du?“ oder „Woran kannst du das festmachen?“. Das gilt im Übrigen auch bei Interviews mit pädagogischen Profis, die sich gerne auf pädagogische Fachbegriffe verlassen und dadurch gegen Nachfragen immunisieren. Ein*e wenig geübte*r Interviewer*in wird sich womöglich nicht als Unwissender zeigen wollen und begnügt sich mit Jargon. Es muss aber genau nachgefragt werden, wenn ein*e Lehrer*in sagt, sie richte sich auch heute noch nach der Allgemeinen Didaktik, die sie im Studium von Klafkis Texten übernommen habe.

Solche konkretisierenden Nachfragen können – man kann fast sagen werden – die Befragten nerven, vor allem dann, wenn der*die Interviewer*in nicht „locker“ lässt. Aber was nutzen einer Evaluation pauschale Aussagen?

Zusammenfassend: Fragen will gelernt oder zumindest geübt sein.

Ziele und Funktionen der Evaluation

Zu Beginn dieser kleinen Einführung in die Evaluation, gewissermaßen als zentraler Aspekt einer Definition, wurde bereits deutlich, dass Evaluation robuste Informationen für Entscheidungen liefern soll: Die erste Zielsetzung ist das Lernen (vgl. hierzu Stockmann/Meyer 2010, 101 ff). Wir wollen lernen, ob ein Programm funktioniert, warum es das tut – oder eben auch nicht. Oder wir wollen wissen, ob wir ein Programm brauchen oder ob nicht. Also wir wollen *Wissen* erzeugen, aber um zu lernen. Wir wollen Erkenntnis, um zu entscheiden oder zu entwickeln. *Entwicklung* – verstanden als die tatsächliche Verbesserung von Programmen, die Umsetzung also –, ist aber nicht Teil der Evaluation, sondern Aufgabe des Qualitätsmanagements. Dennoch ist Entwicklung ein Ziel von Evaluation.

Man kann auch *Kontrolle* als Zielsetzung begreifen. Wir mögen das Wort womöglich nicht. Aber eine Evaluation kann doch z. B. vernünftigerweise fragen, ob die Umsetzung der Prozessvorgaben einer didaktischen Konzeption durch die pädagogischen Akteur*innen funktioniert. Die Folge des möglichen Befundes, dass Akteur*innen nicht „programmtreu" arbeiten, muss ja nicht, wie man unterstellen könnte, zu Kritik oder gar Sanktionen führen. Auch hier können und sollten „Lernfragen" im Mittelpunkt stehen: Woran liegt das? Stimmt an den Vorgaben etwas nicht? Wird die Professionalität der Akteur*innen hinreichend geachtet oder funktioniert das Programm unter Bedingungen der Praxis so nicht?

Ein weiteres Ziel kann die *Legitimierung* eines Programms sein. Ein Träger eines Programms kann so zum Beispiel einem*einer Geldgeber*in oder der Öffentlichkeit die Güte und auch die Ernsthaftigkeit der eigenen Arbeit dokumentieren, die eben dadurch auch belegt werden soll, dass man sich einer Bewertung stellt.

Selbstverständlich kann mit Zielen ein falsches Spiel gespielt werden. So kann ein*e Auftraggeber*in seiner Evaluator*in versichern, es ginge ihm um die Entwicklung eines Programms, während er tatsächlich daran interessiert ist, bestimmte Akteur*innen zu kritisieren oder gar zu beschämen. Und selbst eine geübte

Evaluator*in kann solch einer Fälschung aufsitzen. Mitspielen dürfte sie*er nicht, wenn er*sie es durchschaut hat.

Auch die Legitimierungsabsicht kann eher taktisch als ernsthaft sein. Eigentlich will das Management nur vorgeben, „legitime" Programme durchzuführen. Die echten und detaillierten Evaluationsergebnisse interessieren nur insoweit, als sie positiv sind oder sich positiv interpretieren lassen. Wir haben es hier mit der Klasse der kaschierten bzw. heimlichen Ziele zu tun: versteckten Absichten hinter vorgegebenen Zielen.

Funktionen sollten von Zielen unterschieden werden. Theoretisch unabhängig von (expliziten oder impliziten) Zielen haben Aktivitäten funktionale Effekte. So kann zum Beispiel die Funktion einer Evaluation sein, dass die Akteur*innen nun bemüht sind, den Vorgaben des Programms besser zu folgen als vorher. Insofern kann sie funktional einer Normdurchsetzung dienen.

Zusammenfassend: Wenn Evaluationen nicht gut sind, dann lernt man auch nichts aus ihnen. Und das Lernen aller, die etwas mit dem Gegenstand einer Evaluation zu haben, ist das wesentliche Ziel des Verfahrens.

Stakeholder oder: Wer hat „Aktien im Spiel"?

Es sollte klargeworden sein, dass Evaluation nicht ein „Geschäft" zwischen Evaluierenden und Evaluierten ist. Es geht ja überhaupt nicht um Personen in einer Evaluation. Aber es sind viele Personen – auf unterschiedliche Weise – an Evaluationen beteiligt oder von ihnen betroffen. Beteiligt sind sie, weil man ohne sie schlecht evaluieren kann. Betroffen sind sie, weil eine Evaluation auch zu Ergebnisses kommen kann, die nicht nur einen Einfluss auf ihr eigenes Leben oder ihre eigene Arbeit haben; und das kann ja durchaus negativ sein.

Wenn wir an die Rollen denken, in denen sich Personen oder Personengruppen begegnen, dann sieht sich ein Evaluationsteam neben dem*den Auftraggeber*innen folgenden Akteur*innen gegenüber:

- dem*der Erfinder*in und Eigner*in eines Programms,
- dem Management eines Programms,

- den Durchführenden eines Programms,
- dem*der Programmträger*in,
- dem*der Geldgeber*in oder Sponsor*in eines Programms,
- den ideellen Unterstützern eines Programms (oder seines Trägers),
- den Adressat*innen eines Programms,
- den Personen, die mit den Adressat*innen in einer relevanten Beziehung stehen,
- den*der Konkurrent*innen des*der Programmträger*s*in,
- den*der Konkurrent*innen der Programmeigner*innen,
- der Politik.

Ja nach Fragestellung sind die Gruppen unterschiedlich involviert, aber „irgendwie" alle beteiligt. Sie haben ein Interesse am Programm und damit an der Evaluation. Es ist üblich, hier den englischen Begriff des Stakeholders zu verwenden.

Die praktische Konsequenz aus der Vielfalt der Akteur*innen ist der Auftrag an das Evaluationsteam, zu prüfen, inwieweit deren Interessenslagen in die Evaluation einbezogen werden müssen. Um es „auf den Punkt" zu bringen: Die Evaluator*innen müssen prüfen, wer in welchem Umfang und inwiefern relevant für die Qualität der Evaluation ist.

EINSCHUB: EINE KURZE CHECKLISTE FÜR DIE EVALUATION

Ein „Auf den Punkt gebracht“ kann keine noch so kurze Schulung ersetzen. Aber wir können hier, so die Hoffnung, eine erste Orientierung liefern. Lars Balzer und Wolfgang Beywl, zwei Kollegen, die regelmäßig in der Aus- und Weiterbildung zur Evaluation unterwegs sind, zeigen in einer knappen Übersicht, welche Eckpfeiler im Prozess gesetzt werden müssen, damit die Evaluation und ihre Ergebnisse gestützt sind:

Wer ein eigenes Projekt evaluieren oder eine Evaluation beauftragen will, durchläuft mehrere Schritte im Evaluationsprozess:

Im ersten Schritt ist der Evaluationsgegenstand zu bestimmen. Dafür wird eine kurze, für Außenstehende nachvollziehbare Erstbeschreibung mit allen zentralen Elementen erstellt. Oft gilt es, die durch den Evaluationsgegenstand verfolgten Ziele zu präzisieren.

Im zweiten Schritt werden die am Evaluationsgegenstand interessierten Akteur*innen bestimmt. Deren Werte und Interessen bezüglich des Evaluationsgegenstands und ihre Informationsbedarfe an die Evaluation sind zu identifizieren.

Im dritten Schritt geht es um die Festlegung der Evaluationszwecke: Unterscheidbar sind entscheidungsorientierte, rechenschaftslegungsorientierte, verbesserungsorientierte und wissensgenerierende Evaluation. Die auf die Zwecke abgestimmten Evaluationsfragestellungen fassen in Worte, welche Informationen die vorgesehenen Nutzenden benötigen.

Bewertungskriterien als im Vorhinein ausgewiesene Referenzmaßstäbe sind Voraussetzung für jede systematische und faire Bewertung. Sie werden im vierten Schritt festgelegt und bieten eine Bezugsbasis, auf die sich Werturteile zum Evaluationsgegenstand stützen.

Im fünften Schritt planen die Evaluator*innen das methodische Vorgehen. Es gilt, ein passendes Erhebungsdesign sowie angemessene Erhebungsmethoden auszuwählen und einen Datenerhebungsplan zu entwerfen.
Die empirische Phase der Evaluation beginnt im sechsten Schritt mit der Durchführung der Erhebungen. Dabei sind die logistische und technische Seite ebenso zu beachten wie der Umgang mit Störungen und Konflikten.
Auf die Erhebungen folgen im siebten Schritt die Auswertung und Interpretation der Daten. Diese werden komprimiert, verbal zusammengefasst sowie in Bezug zu den Fragestellungen in deutende, erklärende Sinnzusammenhänge gestellt und zu Schlussfolgerungen verdichtet. Bewertungen und Bewertungssynthese erfolgen in Referenz auf die Bewertungskriterien.
Damit eine Evaluation Nutzen für die Praxis entfalten kann, muss im achten Schritt über ihre Ergebnisse berichtet werden: mündlich oder schriftlich, in Workshops, auf Papier oder mittels elektronischer Medien.
Evaluationen lohnen sich dann, wenn sie für und durch die Praxis genutzt werden, was im neunten Schritt eingeleitet wird. Dabei geht es nicht nur um die Verwendung der Ergebnisse, sondern auch darum zu klären, was der Evaluationsprozess bereits an Nützlichem für die Praxis erbracht hat.
Im abschließenden zehnten Schritt kann die Evaluation selbst bewertet werden. Mit der Evaluation der Evaluation ist diese abgeschlossen und der Evaluationszyklus schließt sich, um bei Bedarf erneut zu beginnen.
(vgl. Balzer/Beywl 2015)

NACH DER EVALUATION

Die Evaluation der Evaluation

Wir haben gelernt, dass „fast alles“ Gegenstand von Evaluation sein kann. Eben auch Evaluationen. Eine Evaluation der Evaluation sichert ihre Qualität. Diese Meta-Evaluation prüft, ob wesentliche Schritte und auch die Standards der Evaluation eingehalten werden. In der Praxis dürfte diese Metaperspektive noch nicht genügend ausgebaut zu sein. Auf jeden Fall sind Evaluationen von Evaluationen durch externe Evaluator*innen eine Seltenheit. Sind wären aber nicht nur nötig, um Evaluationen durch Kritik an deren Praxis zu verbessern, sondern vor allem auch, um mittels besserer Evaluationen die pädagogische Praxis zu verbessern. Wenn Evaluationen in stärkerem Maße geregelte Qualitätskriterien bedienen würden, könnten andere Evaluationen, die zu gleichen oder ähnlichen Themen durchgeführt wurden, so aggregiert oder synthetisiert werden, dass es möglich wäre, generalisierbare und robustere Befunde zu erzeugen. So könnten Befunde der Evaluation an praktischer und wissenschaftlicher Kraft gewinnen.

Viele Evaluationen, vor allem Selbstevaluationen, werden aber nicht publiziert. Was man nicht kennt, kann man auch nicht systematisch zusammenfassen.

Zusammenfassend: Evaluationen sind Bewertungen, die mittels durch sozialwissenschaftliche Methoden erhobenen Daten dazu dienen sollen, Innovationen zu ermöglichen. Unter bestimmten Bedingungen kann eine Evaluation auch „Partei“ sein. Eine Bedingung ist es, diese Parteinahme offenzulegen. Evaluationen sind also eng mit Entscheidungen, genauer mit Verbesserungen, verknüpft, für deren Umsetzung sie Indizien oder Evidenzen liefern sollen. Nicht nur aus theoretischen, sondern auch aus praktischen Gründen ist der Einbezug von möglichst vielen relevanten Akteur*innen bzw. Interessensgruppen geboten. Diese Multiperspektivität erhöht nicht nur die Qualität der Daten, sondern auch das Erkenntnispotenzial. Partizipation vor und während der Gewinnung der Daten und ihrer Interpretation vergößert auch die Chance, dass Evaluationen zur Entwicklung genutzt werden.

Verwertung von Evaluation

Evaluationen sollen nützlich sein. Das ist eine zentrale Forderung und definiert im Wesentlichen ihre Qualität. Befunde sollen in Handlungs- und Entscheidungsprozesse eingehen können. Sie sollen Veränderung unterstützen oder erzeugen können.

Aus Sicht der professionellen Evaluation müssen umsetzbare, also realistische, Handlungsempfehlungen aus den erhobenen Daten folgen. Nur so können Evaluationsergebnisse potenziell einen Effekt auf die Gestaltung von Praxis von Organisationen, Produkten oder pädagogischer Arbeit haben. Allerdings wäre es naiv zu glauben, dass das Verhältnis von Erkenntnis und Handeln einfach ist. Organisationen und pädagogische Programme sind zu komplex, um durch noch so plausible und gut begründete Empfehlungen direkt beeinflusst werden zu können. Pädagogisches und organisationales Management muss hier eine Übersetzungsleistung erbringen. Gute Evaluation formuliert allerdings so, dass die Übersetzungsarbeit erleichtert wird.

Diese Erkenntnis widerspricht allzu optimistischen und unrealistischen Erwartungen, wonach ein Transfer von Wissen zum Handeln quasi mechanistisch umgesetzt werden kann. Evaluator*innen sollten sich darüber bewusst sein, dass sie zwar „Evidenzen“ im Sinne von „Belegen“ liefern, aber nicht sagen können, wie genau die Professionellen im konkreten Fall handeln müssen – und ob sie es auch können. Die Evaluation kann den pädagogischen Praktiker*innen oder einer Organisationsleitung nicht vorschreiben wollen, wie diese ihre Arbeit machen müssen. Hier endet die Kompetenz der Evaluation. Das heißt nicht, dass

Evaluator*innen nicht hilfreich im Prozess der Umsetzung sein können.

Empirisch fundiertes Wissen, etwa über Wirkungszusammenhänge und nutzenfördernde Arrangements eines Programms, dient als Informationsquelle und Diskursgrundlage für die Qualitätsentwicklung pädagogischer oder organisationaler Arbeit. Man könnte aus anderer Perspektive auch so formulieren: Praktiker*innen in der Pädagogik oder im pädagogischen Management, die valide Evaluationsergebnisse unberücksichtigt lassen, handeln sträflich unprofessionell.

Und hier findet sich wiederum in der Praxis, die ja leider widerspenstiger ist als die Theorie, ein noch größeres Hindernis für die Umsetzung von Befunden in Innovation: Viele Auftraggeber*innen (oder andere relevante Stakeholder) haben häufig gar kein Interesse an Veränderung und arbeiten nur mit Erkenntnissen, die den Status quo rechtfertigen. Eine gute Evaluation kann nur viel bewirken, wenn diejenigen, die Befunde umsetzen können, das auch tun – oder es wenigstens ernsthaft zu tun beabsichtigen. Doch leider finden sich viele Beispiele dafür, dass aus Sicht der Auftraggeber*innen mit der Ablieferung eines Evaluationsberichtes und der Bezahlung der Rechnung die Sache abgeschlossen ist. Evaluation muss von vornherein in einen Plan eingebaut sein, der denkbare Ergebnisse antizipiert und praktische Vorstellungen darüber entwickelt, wie mit ihnen umzugehen sein wird.

Zusammenfassend: Wenn Evaluation sich, womöglich primär, dadurch kennzeichnen lässt, dass sie Entscheidungshilfen bietet, also auf Aktivitäten zielt, die das Ergebnis der Evaluation aufgreifen, setzt das voraus, dass es Personen gibt, die an Entscheidungen und Veränderung ernsthaft interessiert sind.

Was Evaluation nicht ist

In den letzten Jahren hat der Begriff „Evaluation" den Bildungsbereich und insbesondere die Schulen geradezu überrannt. Mit der Hochkonjunktur geht auch eine zunehmende Unschärfe dieses Konzeptes einher. Es ist nicht immer Evaluation, wenn von

Evaluation gesprochen wird. Diese Unklarheit mag auch ein Grund dafür sein, dass nicht wenige Akteur*innen in der Bildung mit diesem Begriff wenig Positives verbinden.

Häufig werden Audits mit Evaluation verwechselt, die z.B. überprüfen, ob Organisationen von ihnen erwartete Qualitätsmaßstäbe bzw. Vorgaben einhalten. Schulinspektionen funktionieren auf ähnliche Weise, auch wenn hier die Maßstäbe der Bewertung häufig vage und wenig transparent sind. Ein gutes Audit erwartet die Einhaltung wohl definierter und klarer Kriterien mit entsprechenden Schwellenwerten. Angenommen das Schulgesetz oder Erlasse fordern eine bestimmte Vorgehensweise im Umgang mit Beschwerden, dann lässt sich prüfen, ob so gehandelt wurde. Oder wenn eine bestimmte Anzahl von Klausuren vorgeschrieben ist, ist auch hier eine Prüfung gut möglich. Und zwar ohne besondere wissenschaftliche Expertise. Ob man Audits für richtig hält oder nicht: Sie sind keine Evaluationen, auch wenn sie bewerten. Mit Blick auf die Schulinspektionen, die sich gelegentlich und fälschlich als „externe Evaluationen" bezeichnen, konnte die Forschung auch feststellen, dass sie kaum Effekte auf die Qualitätsentwicklung hat.

Auch „Feedbacks", also Rückmeldungen an Akteur*innen und ihr Handeln werden gelegentlich als Evaluation bezeichnet. „Feedbacks" folgen zwar Regeln, sind aber eher subjektive Rückmeldungen mit lediglich hinweisendem Charakter.

Auch Messungen von Leistungen der Schüler*innen bekommen manchmal das Etikett „Evaluation" angeheftet. Vergleichsarbeiten oder die internationalen Leistungsstudien sind psychometrische Tests. Aggregiert können die Daten Systemvergleiche ermöglichen. Und indem vielfältige Variablen zusätzlich zu den Testergebnisses erhoben werden, wie zum Beispiel bei PISA, können auch hoch interessante Zusammenhänge zwischen Variablen berechnet werden. Evaluation ist das nicht.

Controlling hingegen zielt auf Planung, Steuerung und Kontrolle ab. Monitoring ist ein Beobachtungsverfahren, das Indikatoren sammelt, die Aussagen über bestimmte Erfolge oder Misserfolge eines Systems treffen. Monitoring ist deskriptiv und eher frei von Gestaltungsvorschlägen.

Auch ist Evaluation nicht schlicht identisch mit wissenschaftlicher Forschung, sie ist eher ein spezifischer Typus wissenschaftlicher Forschung. Im Hinblick auf Methodologie und Methoden gibt es keine substantiellen Differenzen. Faktisch schon, denn Evaluationen müssen in der Regel pragmatisch durchgeführt werden und ihnen steht meist wenig Zeit zur Verfügung. Der Unterschied von Evaluation und Forschung wird am klarsten, wenn wir an Grundlagenforschung denken. Der Typus angewandte Forschung liegt schon näher an der Evaluation. Aber der Unterschied liegt im eigentlichen und verbindlichen Zweck der Evaluation: werten und urteilen.

Und schließlich haben Evaluationen (eigentlich immer) eine*n Auftraggeber*in. Und sie sind vielen Stakeholdern gegenüber verantwortlich, nicht nur der Wissenschaftsgemeinde, der sich der*die Grundlagenforscher*in stellen muss.

Zusammenfassend: Evaluation ist so etwas wie ein Alltagsbegriff geworden, geradezu ein Containerbegriff. Vieles wird Evaluation genannt, das mit Bewerten, Werten oder Forschung zu tun hat: Meinungsäußerungen, der schlichteste Feedbackbogen, Audits, Inspektionen, Tests, Leistungsmessungen, Controlling oder wissenschaftliche Studien. Diese Verfahren und Konzepte haben ihre jeweilige Berechtigung. Es gibt mehr oder weniger große Überschneidungen mit Evaluation – aber Evaluation sind sie nicht.

Politik- und Praxisevaluation

Im Bildungswesen setzte sich in den letzten gut 20 Jahren mehr und mehr ein Steuerungsparadigma durch, das sich durch Dezentralisierung und Ergebnisorientierung beschreiben lässt. Mit dieser aus der Betriebswirtschaft übernommenen Managementidee wird die Absicht verfolgt, die Akteur*innen zu stärken, die im Kerngeschäft eines Unternehmens tätig sind. Diese sog. operative Ebene – hier die pädagogische Praxis – wird nicht mehr als eine Ausführungsebene verstanden, die von „oben“ nach „unten“ gerichtete Anweisungen „abarbeitet“. Die Führung oder Leitung eines Unternehmens, der „Prinzipal“, erkennt die Kompetenz der handelnden „Agenten“ an und erlaubt ihnen eine hohe Freiheit bei der Umsetzung der Unternehmensziele.

Gleichzeitig erwartet die Führung aber, dass ihr systematisch Rechenschaft gegeben wird. Das schwierige und immer unsichere Verhältnis zwischen Prinzipal und Agent wird in der „Neuen Steuerung“ so gestaltet, dass die operative Ebene mehr Freiheitsrechte erhält, aber auch stärker an den Handlungsergebnissen gemessen wird.

Bester Ausdruck dieser Konzeption ist die Gesamtstrategie der Kultusministerkonferenz zum Bildungsmonitoring (KMK 2015). Sie umfasst vier Maßnahmen: Teilnahme an internationalen Schulleistungsstudien, Überprüfung und Umsetzung von Bildungsstandards, Verfahren zur Qualitätssicherung auf Ebene der Schulen und Bildungsberichterstattung.

Wäre es nicht vernünftiger, die angestrebten Verbesserungen der Bildung mittels Programm-Evaluation zu begleiten als durch Monitoring, also Überwachung? Das Potenzial der Evaluation liefert Argumente für diese Forderung. Um Missverständnissen vorzubeugen: Auch Controlling, Audits oder Leistungsvergleiche lassen sich begründen. Aber sie helfen wohl nicht, Schule für Schüler*innen oder die Lehrerschaft zu verbessern und gesellschaftliche Erwartungen zu bedienen.

Aber auch ein zweites Desiderat ergibt sich: Warum kommt die Schulpolitik nicht auf die Idee, ihre eigenen Konzepte zu überprüfen? Die Evaluation findet den Unterschied zwischen „gut“ und „gut gemeint“ heraus. Aber man kann befürchten, dass es kaum möglich sein wird, mit der Politik die Programmlogik ihrer Reformen zu rekonstruieren.

Zusammenfassend: Man muss fragen, warum nur die pädagogische Praxis Gegenstand der kritischen Beobachtung durch Politik ist, Politik aber offenbar nicht gewillt ist, sich selbst und ihre Reformprojekte auf den Prüfstand zu stellen. Um Reformen tatsächlich wirksam und auf klar definierte Ziele hin zu bewerten und verbessern, ist Evaluation ein probates Mittel, nicht Aufsicht, Kontrolle oder Tests.

LITERATUR

Balzer, Lars/Wolfgang Beywl (2015): evaluiert. Bern

Böttcher, Wolfgang/Holtappels, Heinz Günter/Brohm, Michaela (Hg.) (2006): Evaluation im Bildungswesen. Weinheim/München

Böttcher, Wolfgang/Kerlen, Christiane/Maats, Peter/Schwab, Oliver/Sheikh, Sonja (Hg.) (2014): Evaluation in Deutschland und Österreich: Stand und Entwicklungsperspektiven in den Arbeitsfeldern der DeGEval – Gesellschaft für Evaluation. Münster/New York

Böttcher, Wolfgang/Hense, Jan (2016): Evaluation im Bildungswesen – eine nicht ganz erfolgreiche Erfolgsgeschichte. In: Die Deutsche Schule, Heft 2, 108. Jahrgang, S. 117-135

DeGEval (Hg.) (2004): Empfehlungen ... Selbstevaluation. Alfter

DeGEval (Hrg.) (2007): Empfehlungen für Auftraggebende von Evaluationen. Eine Einstiegsbroschüre für den Bereich der Öffentlichen Verwaltung. Mainz

DeGEval (Hrg.) (2008): Empfehlungen für die Aus- und Weiterbildung in der Evaluation. Anforderungsprofile an Evaluatorinnen und Evaluatoren. Mainz

DeGEval (Hg.) (2017): Standards der Evaluation. Mainz

Hense, Jan (2008): Selbstevaluation. Frankfurt/M.

Meyer, Wolfgang (2015): Professionalisierung von Evaluation: ein globaler Blick. In: Zeitschrift für Evaluation 14, H. 2, S. 215-246

Rossi, Peter H./Lipsey, Mark W./Freeman, Howard E. ([7]2004): Evaluation. A Systematic Approach. Thousand Oaks, Calif. u. a.

Stockmann, Reinhard/Meyer, Wolfgang (2010): Evaluation. Eine Einführung. Opladen und Farmington Hills

Stufflebeam, Daniel L. (1972): Evaluation als Entscheidungshilfe. In: Wulf, Christoph (Hg.) (1972): Evaluation. Beschreibung und Bewertung von Unterricht, Curricula und Schulversuchen. München, S. 113-145

Widmer, T./de Rocchi, T. (2012): Evaluation. Grundlagen, Ansätze und Anwendungen. Zürich/Chur

debus PÄDAGOGIK

Wolfgang Geisler

Anerkennung – Über den Umgang mit Menschen in der Schule

Mit einem Nachwort von Hilbert Meyer

Menschen brauchen Anerkennung. Diese Feststellung gilt für Schülerinnen und Schüler genauso wie für Lehrerinnen und Lehrer und alle anderen, die in der Schule arbeiten. Gegenseitige Anerkennung stellt eine Voraussetzung jeder gelingenden pädagogischen Arbeit dar.

Dieses Buch unterstützt Lehrerinnen und Lehrer dabei, ihr eigenes Verständnis für die Anerkennung in pädagogischen Situationen zu entwickeln und Missachtung möglichst zu vermeiden.

Anerkennung ist ein wichtiges Gut. Sich selbst anzuerkennen hilft jedem Einzelnen, nicht von der Schule verschluckt zu werden oder sich frühzeitig von seiner Arbeit innerlich abzumelden.

Anerkennung, das ist Anreiz, Impuls, Motivation und auch ein Stück Lebenskunst. Im essayistischen Stil wartet das Buch mit vielen Beispielen, Geschichten und Zitaten aus dem Schulalltag auf, ohne freilich auf die Theorie der Anerkennung zu verzichten.

ISBN 978-3-95414-084-8, 200 S., € 19,90
E-Book: ISBN 978-3-95414-085-5 (PDF), € 15,99

Wolfgang Geisler
Nach dem Studium der Politikwissenschaft, Germanistik und Pädagogik arbeitete Wolfgang Geisler zunächst als Rundfunkjournalist und Zeitschriftenredakteur. Er wechselte später als Lehrer und Schulleiter in den Schuldienst, arbeitete in der Fortbildung, nahm Lehraufträge an mehreren Universitäten wahr, beriet Schulen in Deutschland und Polen und schrieb eine Reihe von pädagogischen Sach- und Fachbüchern.

debus PÄDAGOGIK
Eschborner Ldstr. 42-50, 60489 Frankfurt/M.
Tel.: 07154/1327-30, Fax: 07154/1327-31
wochenschau@brocom.de
www.debus-paedagogik.de